인간 예수 그리스도

조의홍 엮음

시원
도서출판 ㄴ

먼저 드리는 말씀

예수 그리스도 일생을 시로 표현하는 일은 인간 능력 밖의 일입니다. 허나 삶의 황혼에 이른 제가 이 일을 시작한 것은 그동안의 생애에서 체험 받은 일을 의지 삼아 시작했습니다. 창의성보다는 성경을 인용하여 엮었으며 시적 성취감을 위하여 약간의 변형을 시도하기도 했습니다. 시간과 정성을 들이기도 했습니다만 하나님의 크신 사랑과 용서를 엎드려 기도 드릴 뿐입니다.

2017년 초여름

먼저 드리는 말씀

탄생

그날 유대나라 들판의 목동들
밤하늘 빛 속에서
아기 예수 탄생 소식을 듣네
양들의 무리 속으로 내리는
하늘의 복음
가난한 구유의 예수
알리어 주었네.

동방 박사 세 사람 찾아와
보배함 열어
황금과 유황과 몰약을
아기 예수께 바치었네
그러나 사람들이여
아기 예수가 가지신
세상을 위한 희생과 구속의
보배 선물은
알 수가 없었네.

오호라, 베들레헴*이여
이제 너는 유대땅의
작지 않은 고을이 되었으니.

* 베들레헴 : 예수께서 탄생하신 곳.

열두 살의 예수

그해
유월절의 예수는
예루살렘 성전에 계시네
여러 선생들로부터
듣기도 하시고
묻기도 하시니
놀라워라 예수의 지혜를
뉘 알았으리오.

귀향 속의 부모
예수를 만나지 못하니
아이야 어찌하여
이처럼 부모를 놀라게 하느냐.

어찌하여 나를 찾으셨나이까
내가 내 아버지 집에 있어야 하는 일을
알지 못하셨나이까.

(누가2:41~49)

열두 살의 어린 예수
하나님의 아들인 줄을

세상의 부모는
알지 못했네,
깨닫지 못했네.

광야의 시험

예수께서 성령에게 이끌리어
마귀의 시험을 받으러 광야로 가사
사십 일을 밤낮으로 금식기도 하신 후에
주리신지라.

시험하는 자가 예수께 나아와서 이르되
만일 하나님의 아들이어든
명령하여 이 돌들로 떡덩이가 되게 하라
예수께서 대답하여 이르시되
　　사람이 떡으로만 살 것이 아니요
　　하나님의 입으로부터 나오는
　　모든 말씀으로 살 것이라.

　　　　(마태4:1~4)

예수의 광야 배고픔
일신의 안락 유혹
또 세상 명예의 욕망 시험을
물리치시니
오늘의 사람들이여
지금 우리 앞에 있는
세상 광야의 시험

물리쳐 낼 수 있는 능력
가르쳐 주시었으니.

세례를 받으심

갈릴리로부터 오신 예수께서
요단강 요한에게 세례를 받으시네
이때 하늘이 열리고
하나님 음성이 들리나니
이는
내 사랑하는 아들이라
내가 너를 기뻐하노라.
(마가1:9~11)

물에서 올라오신 예수
이제
세상을 향하시네
바람 불고 파도 높은 세상
인간 속으로 향하시네.

알기 어려워라
인간 되신 예수의 일
믿기 어려워라
인간 되어 세례 받으시는 예수의 일
한량 없는 하나님 사랑
끝없는 요단강 강물의
하나님 사랑이여.

열두 제자를 세우시다

예수께서
산속으로 가시어
밤새도록 기도 하시고
열두 제자를 세우시네.

베드로라 이름 주신 시몬과 안드레와 야고보와 요한
과 빌립과 바돌로매와 마태와 도마와 알패오의 아들
야고보와 셀롯이라는 시몬과 야고보의 아들 유다와
예수를 파는 자가 될 가룟 유다까지니.

      (누가6:12~16)

오호라
자신을 팔게 되는
가룟 유다 제자 삼으신 예수여
세상을 위한
속죄의 제물
미리 준비하시는 예수여
열두 제자의 기쁨이여
참담한 슬픔이여.

예루살렘에 들어가시다

예수께서 예수살렘 들어가시니
호산나, 호산나,
나귀 타신 예수
반기는 음성
푸른 종려나무 가지 흔들며
찬송하는 무리 수없어라.

예수께서 예루살렘 들어가시니
땅에는 제자와 사람들의 옷 깔리고
구원의 예수,
찬송의 예수,
다윗의 나라에
높이 반기는 함성
온 성이 소동하네.

(마태21:6~10)

예수께서 들어가시던 예루살렘
오늘에 닿아 보니
만날 수 없네
그 시절 제자, 그 시절의 사람들을
다만

종려나무 푸르러 있는
한세상 있어.

천국을 전파하시다

가버나움에 사신 예수께서
이제 하나님의 나라
전파하시네
회개하라 천국이 가까웠느니라.
　　　　(마태4:13~17)

요단강 저편 해변길
이방의 갈릴리
흑암의 백성들에게
구원의 말씀 들리게 하시나니
고난의 예수 생애
오호라 열리누나.

바람에 흩날리는 세상 생명이여
오늘 우리는 듣는가
바람 속에서, 빛 속에서
혹은 고난의 먼 터널로부터
회개하라 천국이 가까웠느니라
하늘의 음성.

성전을 깨끗게 하시다

예수께서 성전에 들어가시어
비둘기 파는 사람
돈 바꾸는 사람
채찍 드시고 내쫓으시네
내 집은 기도하는 집이라
내 아버지의 집으로
장사하는 집을 만들지 마라.

(마태21:12~13. 요한2:13~16)

오늘의 성전에
이익의 비둘기 파는 사람
욕심의 돈 바꾸는 사람
내 아버지 집은 기도하는 집이라
예수 말씀 듣는가.

두려운 말씀,
부끄러운 말씀,
오늘 듣는가
듣는 우리는 있는가.

고향에서 배척 받으시다

고향에 돌아가신 예수
회당에서 사람들을 가르치시니
놀라운 지혜와 능력이
경이로움보다는
사람들 배척의 현실이 되시네.

목수의 아들 예수
야고보와 요셉 형제를 가지신 예수
또한 그들과 같은 예수의 누이들
고향에서는 평범한 인간이 되시네.

내가 진실로 너희에게 이르노니
선지자는 고향에서 존경받을 수 없느니라
이제 인간 예수는
고향에 계시지 않네.

인자는 머리둘 곳도 없다 하신 주여
바람처럼 구름처럼
고향을 떠나시어
만나시는 넓은 세상
오호라,

인자에게 주어진 고적함이여.

(마태13:53~58)

가르치시며 전파하시며 고치시다

시간의 저쪽
갈릴리 있네
사람들의 갈급한 모습
수리아에도 있고
예수의 하늘나라 소식은
세상 현실에 들려지고 있네.

가난한 백성들의
병까지 고쳐 주시니
세상 무리들이
데가볼리와 예루살렘과
유대와 요단강 저쪽
갈급한 무리 되어 넘치네.

예수의 말씀
회당에만 있지 않네
지금은 당신의 수리아
당신의 요단강 저편에 있네
그리워라
시간의 저쪽에 있던
무리들이여!

그 시절 열망들이여!

(마태4:23~25)

예수의 어머니와 형제자매

그때에
예수의 어머니와 동생들이
예수를 부르니
누가
내 어머니며 동생들이냐
누구든지
하늘에 계신 아버지의 뜻대로 하는 자가 내 형제요
자매요 어머니라.

(마가3:31~35)

세상의 어머니와 형제자매는
세상의 예수에게도 있나니
하나님의 뜻 지키면
모두가 형제자매 그리고 부모.

인간 예수,
놀라워라
오늘의 가족을 위한 말씀
크게 더 크게 밝혀 두시네.

예수를 따르려면

길 가시는 예수
사람이 만나 말하네
주여 어디를 가시든지 나는 따르겠나이다
예수께서 이르시되
여우도 굴이 있고 공중의 새도 집이 있으나
인자는 머리 둘 곳도 없도다.

또 다른 사람 말하네
주여 내가 주를 따르겠나이다
그러므로 가족을 작별하게 하여 주소서
예수께서 이르시되
손에 쟁기를 잡고 뒤를 돌아보는 자는
하늘나라에 합당하지 아니하리라.

오늘의 길을 가는 우리
예수 만나면 무엇을 말할까
양손에 세상 쟁기 잡고
뒤돌아 보는 우리
무엇이라고 말해야 할까.

(누가9:57~62)

복 있는 사람

산에 오르신 예수께서
수많은 무리 보시네
하늘의 말씀에 목마른 무리
하늘의 빛으로 말씀 내리네.

심령이 가난한 자는 복이 있나니 천국이
그들의 것임이요
애통하는 자는 복이 있나니 그들이
위로를 받을 것임이요
온유한 자는 복이 있나니 그들이
땅을 기업으로 받을 것임이요
의에 주리고 목마른 자는 복이 있나니 그들이
배부를 것이요
긍휼히 여기는 자는 복이 있나니 그들이
긍휼히 여김을 받을 것임이요
화평하게 하는 자는 복이 있나니 그들이
하나님의 아들이라 일컬음을 받을 것임이요
의를 위하여 박해를 받는 자는 복이 있나니
천국이 그들의 것임이라.

산 위의 예수 말씀

지금도 찬연해 있어
감사하여라
믿음의 생애여
복 있는 하루여.

　　　　(마태5:1~12)

갈릴리 해변

어부 베드로 시몬과 안드레가 있는 갈릴리 바다 해변
예수께서 닿아 새벽의 말씀 내리시네
나를 따라오라
내가 사람 낚는 어부가 되게 하리니
베드로와 안드레
예수 따르니
야고보와 요한 그물 버리고
함께 예수 따르네.

그 시절 갈릴리 해변
우리 앞에 있어
빛 속의 예수 말씀
나를 따라오라
지금 새벽 속에 계시네.

(마태4:18~22)

소금과 빛

너희는 세상의 소금이니
소금이 맛을 잃으면
아무 쓸데가 없다 하신 예수.

너희는 세상의 빛이니
산위의 동네가
숨길 수 없다 하신 예수.

오늘의 우리
세상의 소금, 세상의 빛 되어
있을 것을
오래전의 예수께서 일러두신 일
소금이여, 빛이여,
내가 지금 거기 있는가.

(마태5:13~16)

좁은 문으로 들어가기 힘쓰라

예루살렘 여행길
구원받기 원하는 자에게
예수께서 말씀하시네
좁은 문으로 들어가기 힘쓰라
험하고 좁은 문은
생명의 문이니
들어가기 구하여도
못 들어 가는 자 많다네.

어려워라 좁은 문
내 앞에 있는 문은
광대무변 넓은 문
좁은 문 지나면
구원의 문, 하늘의 문
만나게 되리니.

(누가13:22~24)

많은 사람을 고치시다

갈릴리 호숫가의 예수
말 못 하는 사람 말하게 하시고
못 보는 사람 보게 하시고
걷지 못 하는 사람 걷게 하시니
놀랍게 여기는 무리가
이스라엘 하나님께
영광 돌리도다.

(마태15:31)

오호라! 육신의 장애를
고치시는 예수
오늘의 우리
마음의 눈 먼 사람,
믿음의 말 막힌 사람,
하나님 나라 향해
걷지 못하는 사람,
그 시절 갈릴리 호수에서
빛 속의 예수 말씀 찾아야 되리
그 시절 무리가 되어야 하리.

바람과 바다를 잔잔하게 하시다

예수께서 배에 오르시매
제자들이 함께 오르니
큰 광풍 일어나
배가 덮히게 되었더라.
제자들이 두려워
주여 우리가 죽게 되었나이다
주무시는 예수 깨우니
믿음이 작은 자들아
어찌하여 무서워 하느냐.

예수께서 바람과 바다를 꾸짖으시니
곧 잔잔하더라
사람들이 놀랍게 여겨
이이가 어떠한 사람이냐 하더라.

(마태8:23~27)

우리가 살아가는 험한 세상
광풍 일고 파도 높아
두렵고 놀라워라
주여 우리를 구하여 주옵소서,
들리는 예수의 말씀

믿음이 작은 자들아
어찌하여 무서워 하느냐
오늘의 우리가 듣는가 듣는가.

무거운 짐 진 자들아

수고하고 무거운 짐 진 자들아
다 내게로 오라
내가 너희를 쉬게 하리라.

나는 마음이 온유하고 겸손하니
나의 멍에를 메고
내게 배우라
그리하면
너희는 마음이 쉼을 얻으리니
내 멍에는 쉽고 내 짐은 가벼움이라.

(마태11:28~30)

주여
내 생애 무거운 짐
이제 당신께 맡기오니
고난한 생애
당신의 그늘에 맡기오니
한세상 멍에
쉬게 하여 주소서,
가볍게 하여 주소서.

보물을 하늘에

보물을 하늘에 쌓아라
땅에는
도둑이 구멍을 뚫어
도둑질 하지만
너희를 위하여
하늘에 쌓아두는 보물은
영원하나니.

보물이 있는 곳에는
네 마음도 있느니라.
                    (마태6:19~21)

우리는 땅에 보물을 쌓네
도둑이 구멍을 뚫어도
거친 땅이 범람 되어도
사라질 보물 알면서
오늘의 우리는
땅에 보물을 쌓네.

구하라 찾으라 두드리라

구하라
그리하면 너희에게 주실 것이요.
찾으라
그리하면 너희가 찾을 것이요.
두드리라
그리하면 열릴 것이라.
너희 중 아들이 떡을 달라고 할 때
돌을 줄 자가 있느냐
구하는 이마다 받을 것이니.

(마태7:7~11)

한세상 우리는
무엇을 구하고 있나, 무엇을 찾고 있나
무엇을 두드리고 있나
오호라,
우리가 구하는, 우리가 찾는, 또 우리가 두드리는 일이
한세상 허망의 욕망이네
한세상 사라질 바람인 것을.

천국

천국은
밭에 감추인 보화와 같으니
사람이 이를 발견한 후
자기의 소유를 팔아
그 밭을 사느니라.

천국은 좋은 진주를 구하는 장사와 같으니
값진 진주를 발견한 후
자기의 소유를 팔아
그 진주를 사느니라.

천국은
바다에 물고기를 모으는 그물과 같으니
좋은 것은 그릇에 담고
나쁜 것은 버리느니라.

(마태13:44~48)

바다 위를 걸으시다

밤 사경
바다 위를 걸어오시는 예수
놀라는 제자들이
유령이라 소리 지르네.

주여 만일 당신이시거든
나로 하여금 물 위를 걸으라
하여 주옵소서
베드로의 소망에
예수께서 오라 하시니
배에서 내려 걷던 그는
파도와 바람에 놀라
물속에 빠지네
주여 구원하여 주소서
예수께서 손을 내밀어
건지시며
믿음이 작은 자여
왜 의심 하느냐.

(마태14:25~31. 마가6:45~52)

주여 지금의 저희

물질의 바다, 욕망의 바다에 빠져
죽어가는 것도 잊어버린
저희를 건져 주옵소서, 구원하여 주옵소서.

베드로의 고백

빌립보 가이사랴 지방에 이르러
예수께서
제자들에게 물으시네
사람들이 나를 누구라 하느냐.

더러는 세례요한, 더러는 엘리야,
어떤 이는
예레미야나 선지자 중 하나라 하더이다.

시몬 베드로 대답하네
주는 그리스도시요 살아계신 하나님의 아들이시니이다
내가 네게 이르노니
너는 베드로라
내가 이 반석 위에 내 교회를 세우리로다.

(마태16:13~17)

오늘 우리에게 물으시는
예수의 말씀
너희는 나를 누구라 하느냐
베드로의 고백이
우리도 있어

이 땅의 교회에서
더욱 은혜로워야 하리.

오천 명을 먹이시다

빈들의 예수
오천 명 무리의 저녁을 먹이시니
어린아이 가져온
보리떡 다섯 개와 물고기 두 마리
예수께서 들고
하늘에 우러러 축사하시고
제자들로 하여금
무리에게 떼어 나누니
남은 조각이
열두 바구니었네.

(요한6:1~13. 마가6:34~44)

오늘의 세상은
보리떡 다섯 개 물고기 두 마리 있는
그 시절 그립네.
빈들의 예수 만나
오천 명의 배고픈 무리
되고 싶어라.

천국에서 큰 사람

제자들이
예수께 나아와 이르기를
천국에서 누가 크니이까.

예수께서
한 어린아이 불러
그들 가운데 세우시고
누구든지
어린아이와 같지 아니하면
천국에 들어가지 못하리라.

(마태18:1~3)

지금 우리는
때문은 어른이어라
자신을 낮추는 어린아이
욕심을 버리는 어린아이 되어
천국에 들어가는 마음
언제에 이룰까.

무화과 나무

무화과 나무가 잎사귀를 내면
여름이 가까워진 것을 아나니
너희가
이런 일이 일어나면
하나님의 나라가 가까워진 것을
알게 될지라.

내가 진실로
너희에게 말 하노니
이 세대가 지나가기 전에
이 일이 일어나리라
천지는 없어지겠으나
내 말은 없어지지 아니하리니.

(마가13:28~31. 누가21:33)

무화과 무성한 잎사귀
푸른 여름 만나면
우리가 어찌할까
여름의 날처럼
하나님의 날 이르리니
깨어있어야 되리

그날이 언제인지
알지 못함이라.

등불은 등경 위에

등불은
등경 위에 두려 함이니
그릇으로 덮거나
평상 아래 두려 함이 아니네.

숨은 것 드러나고
감추인 것
장차 알려지고
나타나지 않는 것이 없다네.

귀 있는 자들은 들으라,
너희가 무엇을 듣는가
너희가 헤아리는 그 헤아림으로
너희가 헤아림을 받을 것이며 더 받으리니.

(마가4:21~24. 누가8:16~18)

우리 등불 만들어
등경 위에 두고 싶어라
숨기는 것 드러나고
헤아림 받을 일
밝혀지리니

등불 만들어, 빛 만들어
삼가할 일이네.

무너진 성전

어떤 사람들이
성전의 아름다운 돌과
꾸민 것을 말하였으나
예수께서 말씀하시네
너희가 보는 이것들이
날이 이르면
돌 위에 돌 하나 남지 않고
다 무너지리라

       (누가21:5~6)

예루살렘
화려한 성전이여
예수의 말씀처럼
지금은 돌 하나 볼 수 없어라
인간의 헛된 꿈이여
인간의 광폭한 욕망이여.

날이 이르고
돌 없는 성전 터 만나는
오늘의 사람
예수의 말씀
아득한 시간이 되어 있네.

겨자씨

하나님의 나라는
겨자씨 한 알과 같나니
땅에 심길 때는
어떤 씨 보다 작지만
후에는 자라
모든 풀보다 커지며
큰 가지를 내어
새들이 그늘에
깃들게 되나니.

(마가4:31~32)

우리의 믿음이
겨자씨 한 알만큼이나 될까
땅에 심기어
풀보다 더 커지는 가지를
만들 수 있을까
오늘의 내 믿음이
그늘에 깃들이는
새 한 마리 언제 만나리.

영광스런 모습으로 변형되시다

예수께서
베드로와 야고보와 요한을 데리고
높은 산에 오르시더니
변형되시네.

그 옷이 광채가 나며
세상의 무엇도
그처럼 희게 될 수 없을만큼
희어졌더라.

베드로가 예수께 고하되
랍비*여,
우리가 여기 있는 것이 좋사오니
초막 셋을 지어
주를 위하여, 모세를 위하여, 엘리야를 위하여 하사이다.

마침 구름이 와서
그들을 덮으며 그 속에서 소리가 나되
이는 내 사랑하는 아들이니
너희는 그의 말을 들으라 하는지라.

문득 둘러보니
아무도 보이지 아니하고
오직
예수와 자기들 뿐이더라
　　　　(마가9:2~8)

* 랍비 : 유대교의 율법 학자를 이르는 말. 나의 주인이라는 뜻.

레위가 예수를 따르다

예수께서
레위라는 세리에게 이르러
나를 따르라 하시니
그가 모든 것을 버리고
예수를 위하여 큰 잔치 베푸네.

바리새인들과 함께한 서기관들이
제자들을 비방하며 이르기를
너희가 어찌하여
세리*와 죄인들과 함께 먹고 마시느냐.

예수께서 대답하여 이르시되
건강한 자에게는 의사가 필요 없고
병든 자에게라야 쓸 데 있나니
내가 의인을 부르러 온 것이 아니요
죄인을 불러 회개시키려 왔노라.

            (누가5:27~32. 마태9:9~13)

세상 죄인 불러 주시는
예수 그리스도
주여, 이 세상 세리보다 더한 죄인

우리 불러 주옵소서
함께 마시게 하여 주옵소서.

* 세리 : 세금 징수의 일을 맡아보는 관리.

가이사의 것은 가이사에게

악한 무리 예수께 이르러
시험을 하네
선생이여
가이사*에게 세금을 바치는 일이
옳으니이까 옳지 않으니이까.

예수께서 말씀하시네
가이사의 것은 가이사에게
하나님의 것은 하나님에게 바치라.
악한 무리 놀라와
예수를 떠나네.

(마태22:15~22. 마가12:13~16 참조)

오늘의 세상
하나님에게 바쳐야 될 일을
가이사에게 바치는 일
내가 행하고 있지 않은지.

* 가이사 : 〈인명〉 카이사르, 로마의 군인 정치가.

나의 눈 속 들보

어찌하여
형제의 눈 속에 있는 티는 보고
네 눈 속에 있는
들보는 깨닫지 못하느냐.

네 눈 속 들보는 깨닫지 못하면서
어찌하여
형제에게 네 눈 속 티를
빼라 하느냐.

못된 열매 맺는 좋은 나무 없고
좋은 열매 맺는 못된 나무 없나니.

      (누가6:41~43)

사람이여
오늘의 우리
눈 속의 들보를 어찌할까
못된 나무여.

땅에 떨어진 네 가지 씨

예수께서 비유로 말씀하시되
씨를 뿌리는 자가 씨를 뿌릴새
더러는 길가에 떨어져
밟히어 공중의 새들이 먹어 버렸고
더러는 바위에 떨어져
싹이 났다가 습기가 없어 말라 버렸고
더러는 좋은 땅에 떨어져
백배의 결실을 하느니라.

          (누가8:5~8)

우리는 세상에 떨어진 씨
오호라 !
지금 어느 곳의 씨인가
어제는 길가에 떨어져 있었고
내일은 바위에 떨어져 있으려나
아니면 가시나무 떨기 속에
떨어져 있으려나
주 예수 그리스도여
지금 좋은 땅에 떨어져
만 배의 결실을 맺고 있는 우리를
주여
우리가 모르고 있나이다.

눈은 몸의 등불

네 몸의 등불은
눈이라
눈이 성하면 온몸이 밝을 것이요
눈이 나쁘면 네 몸도 어두우리라
그러므로 네 속의 빛이
어둡지 아니한가 항상 보라
네 몸이 밝아
어두운 데 없으면
등불의 빛이
너를 온전히 밝히리라.
(누가11:34~36)

내 몸 밝은 눈 있으니
어둡지 않은 몸으로
한세상 살아가며
주 예수 그리스도 보고 싶네
내 몸 등불 빛이
어느 날 주를 만나게 비추일 날
주여
기도하며 기다립니다.

구제함은 은밀하게

사람에게 보이려고
너희 의를 행하지 않도록 주의하라
구제할 때에
외식하는 자가
회당과 거리에서 행하는 것 같이
너희 앞에
나팔을 불지 말라
너희에게 이르노니
구제할 때에는
오른손이 하는 것을
왼손이 모르게 하라

(마태6:1~3)

공중의 새를 보라

내가 너희에게 이르노니
목숨을 위하여 무엇을 먹을까, 무엇을 입을까, 염려하지 말라
공중의 새를 보라
심지도 거두지도 창고에 모아들이지도 아니하되
너희 하늘 아버지께서 기르시나니
들의 백합화가 어떻게 자라는가
생각하여 보라
오늘 있다가 내일 아궁이에 던져지는
들풀도 하나님이 입히시거든
하물며 너희일까 보냐
믿음이 작은 자들아.

      (마태6:26~30. 누가12:22~24)

사람이여
하나님께서 허락하신 우리
무엇을 걱정하며
무엇을 두려워하리
무궁한 하나님 나라뿐인 것을.

깨어 준비하고 있으라

허리에 띠를 띠고
등불 켜고 서 있으라
주인이
혼인 집에서 돌아와 문을 두드리면
곧 열어 주려고
기다리는 사람과 같이 되라
주인이 와서 깨어 있는 것 보면
그 종들은 복이 있으리로다
주인이
띠를 띠고 그 종들을 자리에 앉히고
수종들리라.

(누가12:35~37)

등불 들었는가
일렁이는 세상 숲으로부터
돌아오실 우리 주인
예수 그리스도
띠 띠고 맞이할 등불 들었는가
어두운 숲 밝힐 등불
주인 예수 맞는 등불
지금 우리가 들었는가.

시대를 분간하기 힘쓰라

예수께서
무리에게 이르시되
너희가 구름이 서쪽에서 이는 것을 보면
소나기가 오리라 하나니
또 남풍이 부는 것을 보면
더우리라 하나니
과연 그러하리라
외식하는 자여
너희가 천지의 기상을 분간할 줄 알면서
어찌
시대는 분간하지 못하느냐.

      (누가12:54~56)

바람 불고 구름 흘러가는 세상
주께서 보여 주시는
붉은 황혼 보면서
어찌
우리는 내일 세상 기상을 알지 못할까
그 속의 사람 일을 깨닫지 못할까
주여
하늘의 크신 사랑
깨닫게 하여 주옵소서.

끝자리에 앉으라

혼인 잔치에 청함을 받았을 때
높은 자리에 앉지 말라
너보다 높은 사람이
청함을 받았을 경우에
너더러
이 사람에게 자리를 내주라 하리니
그때에 부끄러워 끝자리로 가게 되리라.

청함을 받았을 때
끝자리에 가서 앉으라
너를 청한 자가 와서
벗이여 올라앉으라 하리니
함께 앉은 모든 사람들 앞에서
영광이 있으리라
무릇
자기를 높이는 자는 낮아지고
자기를 낮추는 자는 높아지리라.

(누가14:8~11)

오늘의 우리는 한자리 뿐이네
앞자리의 쟁탈

앞자리의 전쟁
앞자리로 하루를 보낼 뿐이네
하늘나라 앞자리
보이지 않네.

잃은 양을 찾는 목자

예수께서
비유로 말씀하시되
어떤 사람이 양 백 마리가 있는데
그중 하나를 잃으면
아흔아홉 마리를 들에 두고
잃은 것을 찾아다니지 않겠느냐
또 찾아낸즉
즐거워 어깨에 메고
집에 와서 그 벗과 이웃을 불러 모으고
나와 함께 즐기자
나의 잃은 양을 찾아내었노라 하리니
내가 너희에게 이르노니
죄인 한 사람이 회개하면
하늘에서는
회개할 것 없는 의인 아흔아홉으로
기뻐하는 것보다 더 하리니.

     (누가15:4~7)

하나님의 나라는 너희 안에 있다

바리새인들이
하나님의 나라가 어느 때에
임하나이까 묻거늘
예수께서 대답하여 이르시되
하나님의 나라는
볼 수 있게 임하는 것이 아니요
여기 있다 저기 있다고도 못하리니
하나님의 나라는
너희 안에 있느니라.

(누가17:20~21)

오호라 !
내 마음속 하늘나라여
푸른 새벽 다가와 있는
은총의 감격이여,
충만의 놀라움이여,
이 기쁨 어찌해야 하리.

예수와 삭개오

예수께서
여리고로 들어가시더라
삭개오라 하는 자가 있으니
세리장이요 또한 부자더라
예수께서 어떠한 사람인가 하여
보고자 하되 키가 작고 사람이 많아
볼 수 없어
앞으로 달려가서 보기 위하여
돌무화과 나무에 올라가니
예수께서
이곳에 이르사 쳐다보시고
삭개오야 속히 내려오라
내가 오늘 네 집에 유하겠다 하시니
급히 내려와 즐거워하며 영접하거늘
사람들이 보고 수군거려 이르되
저가 죄인의 집에 유하러
들어갔다 하더라
예수께서 이르시되
인자가 온 것은 잃어버린 자를 찾아
구원하려 함이니라.

(누가19:1~10)

예수 만나게 한
돌무화과 나무여
오늘 우리 앞에 나타나 주시게
키 작고 마음 작은 우리
예수 만나
귀한 대접 드리며
평강의 은총 얻고 싶어,
하늘의 은혜 만나고 싶어.

항상 기도하며 깨어 있으라

너희는 스스로 조심하라
그렇지 않으면
방탕함과 술 취함과 생활의 염려로
마음이 둔하여지고
뜻밖에 그날이 덫과 같이
너희에게 임하리라
이날은
온 지구상에 거하는
모든 사람에게 임하리라
그러므로
너희는 장차 올 이 모든 일을
능히 피하고
인자 앞에 서도록
항상 기도하며 깨어 있으라.

(누가21:34~36)

깨어 있으라
당부하신 말씀
은혜이네 구원이네
한세상 깨어
기도하는 마음

새벽하늘 맑은 별 보여 주시는
말씀의 은총일세.

어린 아이를 금하지 말라

사람들이
예수께서 안수하고 기도해 주심을 바라고
자기 어린 아이를 데리고 오매
제자들이 꾸짖거늘
예수께서
그 어린 아이들을 불러 가까이 하시고
이르시되
어린 아이들이 내게 오는 것을
용납하고 금하지 말라
하나님의 나라가 이런 자의 것이니라.

(누가18:15~16. 마태19:13~14)

하나님의 나라는
어린 아이 마음
완악한 마음은
하나님의 나라 보이지 않네
하늘의 웃음 웃는
어린 아이 세상
어른이여
하나님 나라 보이는가.

니고데모

바리새인 지도자 중에 니고데모라 하는 사람이
밤에 예수께 와서
랍비여 당신은 하나님께로부터
오신 선생인줄 아나이다
하나님이 함께 하시지 아니 하시면
당신이 행하시는 이 표적을
아무도 할 수 없음이니이다.

예수께서 이르시되
진실로 진실로 네게 이르노니
사람이 거듭나지 아니하면
하나님의 나라를 볼 수 없느니라
니고데모가 이르되
사람이 늙으면 어떻게 거듭날 수 있사옵니까
예수께서 대답하시되
진실로 진실로 네게 이르노니
사람이 물과 성령으로 나지 아니하면
하나님의 나라에 들어갈 수 없느니라.

　　　(요한3:1~5)

내가 곧 길이요 진리요 생명이니

예수께서 이르시되
내가
곧 길이요 진리요 생명이니
나로 말미암지 않고는
아버지께로 올 자가 없느니라
너희가 나를 알았더라면
내 아버지도 알았으리로다
이제부터는
너희가 그를 알았고 또 보았느니라.

빌립이 이르되
주여, 아버지를 우리에게 보여 주옵소서
그리하면 족하겠나이다
예수께서 이르시기를
빌립아 내가 이렇게 오래 너희와 함께 있으되
네가 나를 알지 못하느냐
나를 본 자는
아버지를 보았거늘
어찌하여 아버지를 보이라 하느냐.

　　　　　(요한14:6~9)

길이요 진리요 생명이신
예수 그리스도 향하여 나아갑니다
주를 통하여 바라보는
아버지의 나라
구름 같은 한세상에서
길이요, 진리요, 생명이신
당신을 향하여 나아갑니다.

나는 빛으로 세상에 왔으니

예수께서 외쳐 이르시되
나를 믿는 자는
나를 믿는 것이 아니요
나를 보내신 이를
믿는 것이며
나를 보내신 이를
보는 것이라
나는
빛으로 세상에 왔으니
무릇
나를 믿는 자는
어둠에 거하지 않게 함이로다.

(요한12:44~46)

빛으로 오신 예수 그리스도여
빛 속에 있는 주의 나라
빛들이 넘치는 말씀의 나라
우리가 간절합니다
어둠이 없는 주의 나라에
우리가 빛의 열매로 달리게 하옵소서.

내가 포도나무요 너희는 가지라

나는 포도나무요
너희는 가지라
그가 내 안에
내가 그 안에 거하면
사람이 열매를 많이 맺나니
나를 떠나서는 너희가
아무것도 할 수 없음이라
사람이 내 안에 거하지 아니하면
가지처럼
밖에 버려져 마르나니
사람들이 그것을 모아서
불에 던져 사르느니라.

(요한15:5~6)

나는 주의 포도나무 가지니
여름의 푸르름과
풍요의 결실이 은혜로워라
사람이여
우리가 믿음의 가지를
한량없이 사랑하며
한량없이 감사하며
살아야 하거늘.

제자들의 발을 씻으시다

유월절 전 예수께서
자기가 세상을 떠나
아버지께로 돌아가실 때가 이른 줄 아시고
세상에 있는 자기 사람들을
사랑하시되 끝까지 사랑하시니라.

저녁 먹는 중
예수는 아버지께서
모든 것을 자기 손에 맡기신 것과
또 자기가 하나님께로부터 오셨다가
하나님께로 돌아가실 것을 아시고
저녁 잡수시던 자리에서 일어나
겉옷을 벗고 수건을 가져다가 허리에 두르시고
대야에 물을 떠서 제자들의 발을 씻으시고
그 두르신 수건으로
닦기를 시작하시었네.
            (요한13:1~5)

제자들 발 씻으시던 예수 모습
오늘의 우리에게
밝게 나타나 보이시네

오호라!
내 허리에 수건 두르고
이웃 발 씻으시라
알리고 계시니.

죽음과 부활을 이르시다

예수께서
예루살렘으로 올라가려 하실 때에
열두 제자를 따로 데리시고 길에서 이르시되
보라,
우리가 예루살렘으로 올라가노니
인자가 대제사장들과 서기관들에게 넘겨지매
그들이 죽이기로 결의하고
이방인들에게 넘겨 주어
그를 조롱하며 채찍질하며
십자가에 못 박게 할 것이나
제삼일에 살아나니라.

(마태20:17~19)

주여
죽음과 부활을 알리시던
예루살렘의 예수여
당신의 말씀은 이루어지고
구원의 빛이 되어
인간을 용서하십니다
우리가 엎드려
당신께서 지신 십자가

눈물과 참회와 감사로
소망합니다.

최후의 만찬

때가 이르매
예수께서 사도들과 함께 앉으사
이르시되
내가 고난을 받기 전에 너희와 함께
이 유월절 먹기를 원하고 원하였노라
떡을 가져 감사 기도 하시고
떼어 그들에게 주시며
이르시되
이것은 너희를 위하여 주는 내 몸이라
너희가 이를 행하여
나를 기념하라 하시고
저녁 먹은 후에
잔도 그와 같이 하여 이르시되
이 잔은 내 피로 세우는
새 언약이니
곧 너희를 위하여 붓는 것이라
그러나 보라
나를 파는 자의 손이
나와 함께 상 위에 있도다.

(누가22:14~21)

예수께서
당신의 살과 피를 나누어 주신
세상의 마지막 만찬
슬프고 참담하여라
주여
마지막 만찬의 그 은혜를
우리는 지금도 먹고 마시고 있습니다.

예수를 죽이려 의논하다

예수께서
제자들에게 이르시되
너희가 아는 바와 같이
이틀이 지나면 유월절이라
인자가 십자가에 못 박히기 위하여 팔리리라.

그때에
대제사장들과 백성의 장로들이
가야바라 하는 대제사장의 관정에 모여
예수를 흉계로 잡아 죽이자 의논하되
말하기를
민란이 날까 하오니
명절에는 하지 말자 하더라.

(마태26:1~5)

주여
지금 우리가
그날의 가야바 관정에 모여
당신을 다시 십자가에 못 박게 하는 일
꾸미고 있지나 않는지요.

유다가 배반하다

그때에
열둘 중의 하나인
가룟 유다라는 자가 대제사장에게 가서
내가 예수를 너희에게
넘겨 주리니
얼마나 주려 하느냐 하니
그들은 은 삼십을 달아 주거늘
그가 그때부터
예수를 넘겨줄
기회를 찾더라.

(마태26:14~16)

주여
가룟 유다의 은 삼십
오늘의 우리가 손에 쥐었는지
세상의 부와
세상의 명예에
당신을 넘겨 버리지 않았는지
지금의 우리 손에
쥐고 있는 것이 무엇인지
깨닫게 하옵소서.

겟세마네에서 기도하시다

예수께서
겟세마네라 하는 곳에 이르러
제자들에게 이르시되
내가 저기 가서 기도할 동안에
너희는 앉아 있으라 하시고
고민하고 슬퍼하사 이에 말씀하시되
내 마음이 매우 고민하여 죽게 되었으니
너희는 여기 머물러 나와 함께 깨어 있으라 하시고
조금 나아가서 얼굴을 땅에 대시고
엎드려 기도하며 이르되
내 아버지여
만일 할만 하시거든
이 잔을 내게서 지나가게 하옵소서
그러나
나의 원대로 마옵시고
아버지의 원대로 하옵소서.

제자들에게 오사
그 자는 것을 보시고
베드로에게 말씀하시되
너희가 나와 함께 한 시간도

이렇게 깨어 있을 수 없더냐
시험에 들지 않게 깨어 기도하라
마음에는 원이로되 육신이 약하도다 하시고

(마태26:36~41)

십자가 죽음을 앞둔
겟세마네의 깨어 있으라는 주의 말씀
꿈 같은 한세상
육신의 욕망과 쾌락을 위하여
살지 말라는 오늘의 말씀
겟세마네 주를 생각하며
잠들지 말아야 하거늘
주여 지금 우리는
잠 속에 있나이다.

잡히시다

열둘 중의 하나인
유다가 왔는데
대제사장들과 백성의 장로들에게서
파송된 큰 무리가 칼과 몽치를 가지고 그와 함께 하였더라
예수를 파는 자가
그들에게 군호를 짜 이르되
내가 입맞추는 자가 그이니
그를 잡으라 한지라
곧 예수께 나아와
랍비여 안녕하시옵니까 하고
입을 맞추니
예수께서 이르시되
친구여, 네가 무엇을 하려고 왔는지 행하라 하신데
이미 그들이 나아와
예수께 손을 대어 잡는지라
(마태26:47~50)

바람처럼 살아가는
한세상 우리들
그때 주의 말씀
친구여, 행하라

지금도 들리나이다
오호라!
사람들이여 오늘의 우리가
유다의 입맞춤을
행하고 있지 않은지
사람들이여, 사람들이여.

베드로의 세 번 부인

예수를 잡아끌고
대제사장의 집으로 들어갈새
베드로가 멀찍이 따라가니라.

한 여종이 베드로의 불빛을 향하여 앉은 모습을 보고
주목하여 이르되
이 사람도 그와 함께 있었느니라 하니
베드로가 부인하여 이르되
이 여자여, 내가 그를 알지 못하노라.

다른 사람이 보고 이르되
너도 도당이라 하거늘
베드로가 이르길
이 사람아, 나는 아니로다 하더라.

한 시간쯤 있다가
또 한 사람이 장담하여 이르되
이는 갈릴리 사람이니
참으로 그와 함께 있었느니라
베드로가 이르되
이 사람아, 나는 네가 하는 말을

알지 못하노라 하고
아직 말하고 있을 때에
닭이 곧 울더라.

(누가22:54~60. 마태26:69~74. 요한18:25~27)

세 번이나 예수를 부인한
베드로여,
새벽 닭 울어
통곡한 베드로여,
오늘 우리 중에는
예수를 부인하면서
통곡 할 줄도 모른다네
새벽 닭 울음소리
들리지도 않는다네.

베드로가 부인할 것을 예언하시다

그때에
예수께서 제자들에게 이르시되
너희가 나를 버리리라
베드로가 대답하여 이르되
모두 주를 버릴지라도 나는 결코 버리지 않겠나이다
예수께서 이르시되
내가 진실로 네게 이르노니
오늘 밤
닭 울기 전에 네가 세 번 나를 부인하리라
베드로가 이르되
내가 주와 함께 죽을지언정
주를 부인하지 않겠나이다.

(마태26:31~35)

주여
베드로의 부인을 알고 계시던 주여
한 세상살이
우리가 주를 몇 번이나 부인할지
알고 계시는 주여.

예수를 빌라도에게 넘기다

새벽에
모든 대제사장과
백성의 장로들이
예수를 죽이려고 함께 의논하고
결박하여 끌고 가서
총독 빌라도에게
넘겨주니라.

(마태27:1~2)

십자가에 못 박히시다

골고다
해골의 곳이라는 곳에 이르러
쓸개 탄 포도주를 예수께 주어
마시게 하려 하였더니
예수께서 맛보시고
마시고자 아니하시더라.

그들이 예수를 십자가에 못 박은 후에
그 옷을 제비 뽑아 나누고
거기 앉아 지키더라
그 머리 위에
이는 유대인의 왕이라 쓴
죄패를 붙였더라.

(마태27:33~37)

죽음

제육시로부터
온 땅에 어둠이 임하여 계속되더니
제구시쯤에
예수께서 크게 소리 질러 이르시되
엘리 엘리 라마 사박다니 하시니
이는 곧
나의 하나님 나의 하나님 어찌하여
나를 버리셨나이까 하는 뜻이라.
사람들이
신 포도주를 적신 해면을
우슬초에 매어 예수의 입에 대니
예수께서
신 포도주를 받으신 후에
다 이루었다 하시고 머리를 숙이니
영혼이 떠나가시니라.
이에 성소 휘장이 위로부터 아래까지 찢어져 둘이 되고
땅이 진동하며 바위가 터지고

(마태27:45~51. 요한19:29~30)

경비병이 무덤을 지키다

대제사장과 바리새인들이 함께
빌라도에게 모여
주여 저 속이던 자가 살아 있을 때에 말하되
내가 사흘 후에 다시 살아나리라 한 것을
우리가 기억하노니
명령하여
그 무덤을 사흘까지 굳게 지키게 하소서
그의 제자들이 시체를 도둑질하여 가고
백성들에게 말하되
살아났다 하면
후의 속임이 전보다 더 클까 하나이다.

빌라도가 이르되
너희에게 경비병이 있으니
가서 힘대로 굳게 지키라 하거늘
그들이
경비병과 함께 가서
돌을 인봉하고
무덤을 굳게 지키니라.

(마태27:62~66)

무덤에 계신 주여,
인간의 생애를 마치신
예수 그리스도여,
이리하여
죄악과 절망의 인간 구원을
이루시나이다
인간을 넘으신 거룩한 죽음이여
참담하도다 은혜롭도다
오호라, 사람을 위한
영원의 사랑을 내려 주시는도다.

부활

안식 후 첫날이 되려는 새벽에
막달라 마리아와 다른 마리아가
무덤을 보려고 갔더니
큰 지진이 나며 주의 천사가
하늘로부터 내려와 돌을 굴려내고
그 위에 앉았는데
그 형상이 번개 같고 그 옷은 눈 같이 희거늘
지키던 자들이 그를 무서워하며
떨며 죽은 사람과 같이 되었더라.

천사가 여자들에게 이르되
너희는 무서워 말라
십자가에 못 박히신 예수를
너희가 찾고 있는 줄을 내가 아노라
그가 여기 계시지 않고
살아나셨느니라.

(마태28:1~6)

제자들에게 나타나시다

안식 후 첫날 저녁 때에
제자들이 유대인들을 두려워하여
모인 곳의 문들을 닫았더니
예수께서 오사
가운데 서서 이르시되
너희에게 평강이 있을지어다.

손과 옆구리를 보이시니
제자들이 주를 보고 기뻐하더라
예수께서 이르시되
너희에게 평강이 있을 지어다
아버지께서 나를 보내신 것같이
나도
너희를 보내노라.

(요한20:19~21)

승천

예수께서
그들을 데리고 베다니 앞까지 나가사
손을 들어 그들을 축복하시더니
축복하실 때에 그들을 떠나
하늘로 올려지시니
그들이 그에게 경배하고
큰 기쁨으로
예루살렘에 돌아가
늘 성전에서 하나님을 찬송하니라.

(누가24:50~53)

소망 (1)

바람에 나는
겨와 같은 한세상
주여
당신을 소망합니다
당신이 계시는 천국을 소망합니다.

세상은
붉은 빛 찬연한 저녁하늘 보이며
하루를 끝마칩니다
또
떨어진 낙엽들을 날리며
계절을 알리어 줍니다.

하늘에는
새들이 높이 날아오르고
멀리 사라집니다.

주여
세상의 들판에서
고난 당하시던
당신을 소망합니다.

기쁨도, 슬픔도, 환난도,
모두가 빛으로 찬란해 있는
당신의 나라
간곡하게 소망합니다.

소망 (2)

봄 푸른 동산에
주의 말씀 있어
깨어나는 어린 풀 하나에도
넘치는 약속과 은혜로움이여.

여름날 무성한 생명 속에서도
주의 사랑 하나하나가
열매 맺고 빛나는 장쾌스러움이여
생명은 넘치고
사람의 일들이 풍성스럽게 이루어지네.

오호라 !
가을날에는 사람의 종말을 알리는
하늘의 가르침 있네
그 붉고 빛나는 황금의 소식들이여
주의 은혜가
이토록 찬란하게
사람을 깨우치는도다.

겨울날 죽음의 빛들이여
잿빛의 모든 일들이

헛되고 헛되다지만
이제는 알아야겠네
주께서 행하시던
사람 세상의 일들이
소망의 보석임을.

신약의 네 복음서를 시 형식으로 편찬한 독창적 시집

신약의 네 복음서를 시 형식으로 편찬한 독창적 시집

– 조의홍 시인의 『인간 예수 그리스도』의 경우

신 규 호
(시인. 문학박사)

1.

조의홍 시인은 박목월 시인이 창간한 월간 시지인 『심상』지의 신인상을 받고 등단한 중견 시인으로, 지난 날 수십 년간의 시 창작과 대학 강의 등을 통해 왕성한 시업을 이어 왔으며, 시심과 신앙심을 함께 공유해 오면서 『꿈, 2408』 등의 시집과 『허수』 등의 소설, 그리고 산문집 『현실의 나무』 등을 상재하는 등, 창작생활에 매진해 온 분이다. 조의홍 시인은 유년 시절부터 교회에 다니면서 주일학교 교사로 봉사하는 등, 교회 학생 활동과 청년 활동 등에도 열심이었고, 군 복무 중에는 군종하사관으로도 시무했다.

제대후 바쁜 직장생활에 의해 한동안 신앙에 소원

되기도 하였다.

　그러다가 정년 이후에 갑자기 우울증을 앓게 되었으며, 어려운 가운데 간절히 기도하면서 '병에서 헤어나게 해 주시면 가지고 있는 재주를 다하여 하나님을 기쁘게 해 드릴 수 있는 일을 하겠다'고 간구하였다. 2010년 초엽부터 매일 새벽마다 열심히 기도하면서 쉬지 않고 우울증과 싸워가며 이 시집의 작품들을 꾸준히 써 나가던 중 금년에 시집 원고가 완성되었으며, 아울러 은혜 가운데 우울증도 완쾌될 수 있었다고 하니, 이 시집에 의해 하나님과의 약속을 다 이루어 낸 결과, 은혜를 받은 기적이라고 아니할 수 없다.

　주님과의 약속대로 조의홍 시인은 이번에 큰일을 결심하고 실현해 낼 수 있었으니, 구약성경 39권 929장을 제외하고, 구세주인 예수 탄생 이후의 기록인 신약성경 27권 총 260장의 내용가운데 예수의 공생애를 담고 있는 '네 복음서'에 의거해서 하나님의 아들인 예수를 성육신(成肉身 : Incarnation)한 인간의 모습으로 시의 형식에 담아 엮어 펴냄으로써, 『인간 예수 그리스도』의 진면목을 새롭게 표현해서 보여주고 있다. 신약성경은 물론 산문으로 된 기독교의 경전이지만, 하나님과의 약속을 저버리지 않고, 타고난 시적 재능을 다 하여 노력한 끝에 마침내 한 권의 시집으로 완성해 낸 것이다. 조 시인은 과감하게 예수 일대기인 신약 중 네 복음서만을 시형식인 '운문'에 담아 재편함으로써, 일찍이 시도하지 못한 일을 수행하였으니 그

자체가 대단한 일이라 하겠다. 더구나 복음서의 내용을 성경의 순서에 따라 기계적으로 편술한 것이 아니고, '예수의 탄생'부터 마지막 '승천'에 이르기까지 그리스도의 전기적 일생을 내용별로 재구성하여, 신자인 자신의 신앙적 시상을 곁들여 추가해 가면서 구세주의 전기적 사실을 담아 엮어낸 이 작업은 편찬의 특징만으로도 개성적이고 독창적인 사례라 할 수 있다.

역사적으로 볼 때 작가들이 '예수의 전기'를 쓴 경우는 부지기수로 많지만, 몇 사례를 들어보더라도 기계적으로 시간 순서에 따라 작성한 산문형태인 경우가 대부분임을 알 수 있다. 일찍이 유명한 전기 작가인 프랑스의 사제 베르트(R. P. Berthe)가 지은 『예수전 Jesu Christ』은 구미 각국어로 번역된 명저로, 예수의 일거수일동(一擧手一動)이 모두 구약성서의 예언이 성취된 것이라는 사실을 일일이 증명하고, 누구든지 읽기 쉽고 감동하기 쉽게 산문형식으로 편술한 것이 특징이다. 또한 독일의 작가 에밀 루드비히(Emil Ludwig)의 『예수의 전기』는, 예수가 30살이 되기까지 인간적인 면모라든가 영혼의 모습이 전혀 알려지지 않은 인물이라는 사실을 지적하면서, 예수에 관한 주요 정보인 네 복음서에 나오는 일화를 통해 연대기적으로 편집한 책이다. 하지만, 그것도 역시 창작을 곁들인, 시적 편술이 아닌 산문적 저술로서 조 시인이 시적 형식으로 네 복음서의 내용을 재구성하여 편찬한 이 시집과 비교할 수 없다. 또 다른 사례로, 토머

스 제퍼슨(Thomas Jefferson)의 『전기, 나사렛 예수의 삶과 도덕』 역시 '예수는 누구일까' 하는 지극히 평범한 질문에 '이런 사람이라고 선뜻 대답하기가 쉽지 않다'는 사실을 인정하면서, '예수가 인간'이라고 할 때에는 기독교 신자의 경우 거부 반응이 생길 것이고, 그렇다고 해서 '신'이라고 하면 비신자들이 받아들이기 어렵다고 하는 상반된 입장에서, 제목 그대로 '나사렛 예수의 삶과 도덕'을 담은 산문형식의 전기일 뿐이다.

이에 비해서, 조의홍 시인의 시집 『인간 예수 그리스도』가 주목을 받는 것은 특히, 신약 가운데 제자들과 함께 했던 예수의 공생애 내용을 공동으로 담고 있는 네 복음서(마태복음, 마가복음, 누가복음, 요한복음)를 대상으로 삼되, 복음서의 순서에 따르지 않고 여기 저기 공통된 내용을 가려모아 음률을 살려 표현하고 있으며, 매 편마다 그에 관한 시인 자신의 신앙적 고백을 시 형식으로 창작하여 덧붙이고 있어서, 명실공히 '예수의 전기'를 한 권의 시집으로 펴냈다는 것이 남다른 점이라 하겠다.

다음에, 『인간 예수 그리스도』라는 시집 표제에서 알 수 있듯이, 조 시인이 표현하고자 뜻하는 바에 따라, 예수의 '인간적인 면모'를 주로 다루고 있는 대표적인 작품들 중, 주제의 중요성으로 보아 작품 전체를 인용하기도 하고, 부분적으로 인용하는 등, 몇몇 작품을 선정해서 그 특징을 알아보고자 한다. 한 가지 첨

언해 둘 것은 이 시집을 신학의 입장이 아닌, 문학 중에서도 주관적인 시 창작 작품으로 보아야 한다는 점이다. 신앙시는 신학이 아닌 '문학'이기 때문이다.

2.

그날 유대나라 들판의 목동들
밤하늘 빛 속에서
아기 예수 탄생 소식을 듣네
양들의 무리 속으로 내리는
하늘의 복음
가난한 구유의 예수
알리어 주었네.

(중략)

그러나 사람들이여
아기 예수가 가지신
세상을 위한 희생과 구속의
보배 선물은
알 수가 없었네.

오호라, 베들레헴이여
이제 너는 유대땅의

작지 않은 고을이 되었으니.

(베들레헴 : 예수께서 탄생하신 곳)

— 시 「탄생」

　　예수 탄생에 관한 성경의 신비한 내용을 거두절미
하고, 적나라하게 '인간 예수'의 탄생 사실만을 운문
으로 재구성하여 표현하고 있다. 상술한 바와 같이,
이 편찬 시집에서 조 시인이 '예수 그리스도'의 인간
적인 모습을 위주로 표현하고자 시도하였음을 보여준
다. 신학자가 아닌 시인이 바라보는 '인간 예수'의 모
습이므로, 성령에 의해 예수를 잉태한 동정녀 마리아
의 이야기나 요셉에 관한 내용은 생략되었다. 여기에
전기적 사실을 덧붙이자면, 마리아와 요셉에 관한 내
용을 추가할 수도 있었을 것이다. 일찍 부모를 여읜
처녀 마리아는 명문인 다윗 왕가의 후손으로 같은 혈
족인 요셉과 정혼하였지만, 아직 합방을 안 한 상태에
서 성령의 현몽으로 잉태하여 태어난 아기가 예수 그
리스도라는 것이다. 이 사실을 시인은 '하늘의 복음'
과 '세상을 위한 희생과 구속의 보배 선물'로 세상에
주어진 것이라고 에둘러 표현하고 있다. 이는 성령인
하나님이 인간의 육신을 입고 세상을 구원하려고 '성
육신'하신 것이라는 의미를 강조한다. 예수 탄생의 내
용은 성경과 같지만, 시적 정서를 담아 표현함으로써,
또 다른 느낌을 느끼게 한다. 이 작품에서 시인은 예
수 탄생의 감격을 "그러나 사람들이여 / 아기 예수가

가지신 / 세상을 위한 희생과 구속의 / 보배 선물은 / 알
수가 없었네." 하고 그리스도의 '희생과 구속 사역'을
찬탄하면서, 마지막 연에서 "오호라, 베들레헴이여 /
이제 너는 유대 땅의 / 작지 않은 고을이 되었다"고 신
실한 찬미를 드리고 있다.

그해
유월절의 예수는
예루살렘 성전에 계시네
여러 선생들로부터
듣기도 하시고
묻기도 하시니
놀라워라 예수의 지혜를
뉘 알았으리오.

귀향 속의 부모
예수를 만나지 못하니
아이야 어찌하여
이처럼 부모를 놀라게 하느냐.

어찌하여 나를 찾으셨나이까
내가 내 아버지 집에 있어야 하는 일을
알지 못하셨나이까.

(누가2:41~49)

열두 살의 어린 예수
하나님의 아들인 줄을
세상의 부모는
알지 못했네,
깨닫지 못했네.

– 시 「열두 살의 예수」

두번째 순서인 이 작품은 '누가복음 2장의 내용을 소재로 삼은 것으로, 열두 살의 어린 예수가 유월절에 성전에 올라가 여러 선생들과 대화를 나누는 내용이다. 어린 예수의 뛰어난 지혜에 놀라면서도 사람들이 예수가 하나님의 아들로 세상을 구하러 온 구세주라는 사실을 알아채지 못한다는 것을 증언해 주는 부분이다. 순서대로 하면 마태복음부터 차례로 엮을 것이지만, 상술한 바와 같이 조 시인이 성경의 순서에 따라 시집을 기계적으로 편찬하고 있지 않다는 사실을 보여준다. 아울러, 작품 마지막 연에 시인 자신의 믿음을 표현하고 있어, 이 시집이 단순히 성경의 내용만을 시화한 것이 아니고, 조 시인 자신의 신앙적 창작 시구도 삽입하고 있음을 보여준다. 남달리 총명한 열두 살의 예수가 하나님의 아들인 줄을 모두 알지 못했고 깨닫지 못했다는 사실을 통하여 보통사람, 심지어 부모의 눈으로도 예수가 하나님의 아들임을 알아보지 못하는 안타까움을 조 시인은 토로한다. 일반적으로 비범한 인물은 평범한 사람들이 알아보고 그 출

중함을 인정할 수도 있겠지만, 어린 예수가 부모에게 "어찌하여 나를 찾으셨나이까 / 내가 내 아버지 집에 있어야 하는 일을 / 알지 못하셨나이까."라고 자신이 하나님의 아들임을 직접 표명하였지만, 역시 알아보지 못하는 부모의 모습을 한탄하는 이 부분에서 성경은, 어린 예수가 단순하게 흔히 볼 수 있는 비범한 아이가 아닌, 하나님의 아들이라는 것을 예수 자신의 고백을 통해 입증해 주고 있다. 예수의 이 언급을 받아 조 시인은 마지막 연에서 "열두 살의 어린 예수 / 하나님의 아들인 줄을 / 세상의 부모는 / 알지 못했네, / 깨닫지 못했네." 하며 안타까워한다.

예수께서 성령에게 이끌리어
마귀의 시험을 받으러 광야로 가사
사십 일을 밤낮으로 금식기도 하신 후에
주리신지라.

시험하는 자가 예수께 나아와서 이르되
만일 하나님의 아들이어든
명령하여 이 돌들로 떡덩이가 되게 하라
예수께서 대답하여 이르시되
　　사람이 떡으로만 살 것이 아니요
　　하나님의 입으로부터 나오는
　　모든 말씀으로 살 것이라.
　　　　(마태4:1~4)

예수의 광야 배고픔

일신의 안락 유혹

또 세상 명예의 욕망 시험을

물리치시니

오늘의 사람들이여

지금 우리 앞에 있는

세상 광야의 시험

물리쳐 낼 수 있는 능력

가르쳐 주시었으니.

　　　　　　　　　　　- 시「광야의 시험」

　이 부분에서 예수의 인간다운 면모가 여실히 드러나 있다. 살아가면서 인간이면 누구나 배고픔과 육신의 안락과 명예의 유혹에 의해 시험 당하는 어려움을 보편적으로 겪는 바, 예수 자신도 예외 없이 유혹당하면서 마침내 이겨낸다는 내용은, 조 시인이 그리고자 하는 '인간 예수'의 진면목을 그대로 보여주고 있는 대목이기 때문이다. 이 시험을 이겨낸 예수의 모습에서 누구나 공감할 수 있는 것은, 같은 인간으로 겪을 수밖에 없는 육체적 욕망과 안락의 유혹을 '인간 예수'도 역시 경험하지 않을 수 없었다는 사실이 상징적으로 여실하게 입증해 주기 때문일 것이다. 그 사실을 조 시인은 "예수의 광야 배고픔/ 일신의 안락 유혹/ 또 세상 명예의 욕망 시험을/ 물리치시니/ 오늘의 사람들이여/ 지금 우리 앞에 있는/ 세상 광야의 시험/

물리쳐 낼 수 있는 능력 / 가르쳐 주시었으니.” 하고 세상의 모든 유혹을 물리친 예수의 초인적 능력을 찬미하면서, 오늘을 살아가고 있는 모든 사람들, 특히 신앙인들도 그 가르침을 받아 유혹에 맞서 싸워 이길 것을 주문한다. 동양에서도 ‘극기복례(克己復禮)’라고 하는 도덕률이 있지만, 보통 사람들에게 가장 어려운 일이 세상의 온갖 유혹에 맞서 싸워 ‘광야의 시험’을 이긴 예수처럼 마침내 승리하는 일일 것이다. 조 시인은 인간 예수의 위대성을 그 점에서 찾고 찬탄한다.

예수께서
산속으로 가시어
밤새도록 기도 하시고
열두 제자를 세우시네.

　　　(누가6:12~16)

　　(중략)

오호라
자신을 팔게 되는
가룻 유다 제자 삼으신 예수여
세상을 위한
속죄의 제물
미리 준비하시는 예수여
열두 제자의 기쁨이여
참담한 슬픔이여.

예수가 열두 제자인 "베드로라 이름 주신 시몬과 안드레와 야고보와 요한과 빌립과 바돌로매와 마태와 도마와 알패오의 아들 야고보와 셀롯이라는 시몬과 야고보의 아들 유다와 예수를 파는 자가 될 가룟 유다"에 이르기까지 열두 명을 제자로 삼아서, 그들에게 자신이 구세주임과 하늘의 약속을 깨우쳐 줌으로써 하나님 세상을 이루고자 하였지만, 그 가운데에는 훗날 예수를 판 가룟 유다가 포함되어 있어, 조 시인은 그 사실을 "참담한 슬픔"이라 한탄하며 구세주의 사역에 끼어든 악의 존재에 관하여 슬픈 아이러니를 느낀다. 인간 세상에서도 흔히 선한 일에 악이 끼어들어 좋은 일을 망하게 하는 사례가 비일비재한 바, 세속적 삶의 그늘이 예수의 사역에도 그대로 틈입해 있음은 세상을 구하러 성육신하신 '인간 예수' 조차도 겪을 수밖에 없는 불가피한 아이러니임을 자탄하고 있음이다. 다음의 구절에서 예수 당시에도 이와 같은 세상의 모순된 현실이 널려 있었음을 알 수 있다.

예수께서 성전에 들어가시어
비둘기 파는 사람
돈 바꾸는 사람
채찍 드시고 내쫓으시네
내 집은 기도하는 집이라
내 아버지의 집으로
장사하는 집을 만들지 마라.

(마태21:12~13. 요한2:13~16)

(중략)

두려운 말씀,
부끄러운 말씀,
오늘 듣는가
듣는 우리는 있는가.
                    － 시 「성전을 깨끗게 하시다」 부분

　예수는 성전에서 상행위를 하는 광경을 보고 크게
꾸짖으며 장사치들을 내쫓으니, 마태복음 21장 12-13
절에서 "예수께서 성전에 들어가사 성전 안에서 매매
하는 모든 자를 내어 쫓으시며 돈 바꾸는 자들의 상
과 비둘기파는 자들의 의자를 둘러엎으시고", "저희에
게 이르시되 기록된 바 내 집은 기도하는 집이라 일
컬음을 받으리라 하였거늘 너희는 강도의 소굴을 만
드는도다 하시니라"와, 요한복음 2장 13-16절에서 "유
대인의 유월절이 가까운지라 예수께서 예루살렘으로
올라가셨더니", "성전 안에서 소와 양과 비둘기 파는
사람들과 돈 바꾸는 사람들의 앉은 것을 보시고", "노
끈으로 채찍을 만드사 양이나 소를 다 성전에서 내어
쫓으시고 돈 바꾸는 사람들의 돈을 쏟으시며 상을 엎
으시고", "비둘기파는 사람들에게 이르시되 이것을 여
기서 가져가라 내 아버지의 집으로 장사하는 집을 만

114

들지 말라 하시니"에 의거해서 조 시인은 오늘의 신자들에게 경고한다. 이와 유사한 광경은 여전히 현실에서도 일부 벌어지고 있는 장면인 바, 시인은 이를 가리켜 "오늘의 성전에 / 이익의 비둘기파는 사람 / 욕심의 돈 바꾸는 사람 / 내 아버지 집은 기도하는 집이라 / 예수 말씀 듣는가." 하고 직접적으로 질타한다. 이처럼 당시 사회에서 벌어지고 있는 각종 부조리한 일들을 비판하고 꾸짖는 등, 바른 말을 하는 예수의 행동은 세속 사람들의 마음을 거슬리게 하는 일이었으니, 심지어 가장 가까운 고향 사람들로부터도 예수는 마침내 배척을 받기에 이른다. 조 시인은 그 점을 마태복음 13장 53-58절에 의거하여 다음과 같이 아프게 표현하고 있다.

고향에 돌아가신 예수
회당에서 사람들을 가르치시니
놀라운 지혜와 능력이
경이로움보다는
사람들 배척의 현실이 되시네.

　　(중략)

내가 진실로 너희에게 이르노니
선지자는 고향에서 존경받을 수 없느니라
이제 인간 예수는

고향에 계시지 않네.

인자는 머리둘 곳도 없다 하신 주여
바람처럼 구름처럼
고향을 떠나시어
만나시는 넓은 세상
오호라,
인자에게 주어진 고적함이여.

　　　　　(마태13:53~58)

　　　　　　　　－ 시「고향에서 배척 받으시다」부분

　마태복음 중에 보이는 예수의 가족에 대한 기록에
의거해서 "목수의 아들 예수/야고보와 요셉 형제를
가지신 예수/또한 그들과 같은 예수의 누이들/고향
에서는 평범한 인간이 되시네."라고, 조 시인은 예수
도 다른 사람들과 똑같이 동거하는 가족이 있었다는
인간적 면모를 적시하면서, "선지자가 자기 고향과 자
기 집 외에서는 존경을 받지 않음이 없느니라"고 한
성경구절에 의거하여 '선지자는 고향에서 존경을 받지
못할 뿐만 아니라, 배척받고 버림받는다'는 것을 깨닫
고 사람들의 어리석음을 한탄한다. 보편적으로 뛰어난
인물에 대한 인간들의 시기 질투가 너무도 흔해서 현
실적으로 예사로운 일이지만, 그런 시기 질투가 예수
에게까지 미치고 있어서, 스스로 예수 자신이 "머리
둘 곳도 없다"고 한 구절에 의거하여 조 시인은 "고

향을 떠나시어 / 만나시는 넓은 세상 / 오호라, / 인자에게 주어진 고적함이여." 라 탄식하면서 안타까워한다.

　길 가시는 예수
　사람이 만나 말하네
　주여 어디를 가시든지 나는 따르겠나이다
　예수께서 이르시되
　여우도 굴이 있고 공중의 새도 집이 있으나
　인자는 머리 둘 곳도 없도다.

　또 다른 사람 말하네
　주여 내가 주를 따르겠나이다
　그러므로 가족을 작별하게 하여 주소서
　예수께서 이르시되
　손에 쟁기를 잡고 뒤를 돌아보는 자는
　하늘나라에 합당하지 아니하리라.

　오늘의 길을 가는 우리
　예수 만나면 무엇을 말할까
　양손에 세상 쟁기 잡고
　뒤돌아 보는 우리
　무엇이라고 말해야 할까.

　　　(누가9:57~62)

　　　　　　　　　　　- 시 「예수를 따르려면」

이 성구의 주제는 두 가지로 요약된다. 첫째는 "여우도 굴이 있고 공중의 새도 집이 있으나 인자는 머리 둘 곳도 없도다"고 한 예수 자신의 자탄이다. 모름지기, 세상을 구원하려는 구세주의 어려운 모습을 설파함으로써, 뒤를 따르는 자들에게 본을 보이려 하는 가르침이라 하겠다. 둘째는 제2연에서 "손에 쟁기를 잡고 뒤를 돌아보는 자는 / 하늘나라에 합당하지 아니하리라"고 한 가르침에서 읽을 수 있는 수도자나 사역자들이 마땅히 걸어야 할 길, 즉 현실적 이익추구를 단념하고 예수처럼 오로지 구도의 길을 걸어가야 한다는 내용이다. 조 시인은 이 부분을 보편화 하여, 오늘을 살아가는 사람들 모두가 깨우쳐야 할 것으로 판단한다. 마지막 연에서 조 시인은 그 점을 다음과 같이 설파하고 있다. "오늘의 길을 가는 우리 / 예수 만나면 무엇을 말할까 / 양손에 세상 쟁기 잡고 / 뒤돌아보는 우리 / 무엇이라고 말해야 할까"와, 이 작품의 제목인 '예수를 따르려면'으로 미루어 보아, 시인이 한탄하는 이 내용은 '예수를 따르려' 하는 신자들의 현실생활 모습이 그렇지 않은 경우가 비일비재한 것을 가리켜 지적하고 있다고 본다. 조 시인은 이 시집에서 예수의 공생애만을 다루고 있지 않고, 성구에 의존해서 오늘의 신앙인들이 견지해 나가야 할 현실적 경각심을 예리하게 지적해 주고 있는 것이다.

심령이 가난한 자는 복이 있나니 천국이
그들의 것임이요
애통하는 자는 복이 있나니 그들이
위로를 받을 것임이요
온유한 자는 복이 있나니 그들이
땅을 기업으로 받을 것임이요
의에 주리고 목마른 자는 복이 있나니 그들이
배부를 것이요
긍휼히 여기는 자는 복이 있나니 그들이
긍휼히 여김을 받을 것임이요
화평하게 하는 자는 복이 있나니 그들이
하나님의 아들이라 일컬음을 받을 것임이요
의를 위하여 박해를 받는 자는 복이 있나니
천국이 그들의 것임이라.

(하략)

— 시 「복 있는 사람」 부분

　마태복음 5장 1~12절과 관련 있는 이 시는 널리 알
려진 '팔복'에 해당하는 작품으로, 조 시인은 특히 작
품의 서두와 말미에서 "산에 오르신 예수께서 / 수많은
무리 보시네 / 하늘의 말씀에 목마른 무리 / 하늘의 빛
으로 말씀 내리네.", "산 위의 예수 말씀 / 지금도 찬연
해 있어 / 감사하여라 / 믿음의 생애여 / 복 있는 하루
여."라 찬탄한다. 특히 이 구절을 가리켜서 조 시인은

'하늘의 빛으로 내리는 말씀'이라 하면서, 지금 이 시대에 오히려 찬연하며 절실하게 감사한 말씀으로 삼아야 함을 깨닫고, 스스로의 삶에 대해 '믿음의 생애요, 복 있는 나날'임을 고백한다. 이 팔복의 구조적 특징이 '가난과 복', '애통과 복', '온유와 복', '의로움과 복', '긍휼과 복', '화평과 복', '박해와 복' 처럼, 세속인이 추구하는 복과는 거리가 먼, 오히려 불행을 초래할 수 있는 서로 상극하는 역설적 표현에 의해서 인간의 진정한 행복이 자기희생과 타인에 대한 '무한 사랑'에 있음을 강조함으로써, 모든 사람에게 깊은 감동을 느끼게 한다. 이 부분은 인간으로 성육신한 예수가 생의 복락에 관해 언급한 대표적인 구절로, 속세를 살아가는 동안 인간들이 가장 큰 가치로 추구하는 '행복'의 참된 의미가 '하늘의 복음'으로 변환되어야 한다는 것으로, 세속인의 완악한 심정을 쪼개주는 가르침을 담고 있다. 이러한 역설적 표현에 의한 말씀은 신약에서 흔히 발견되는 바, 진리는 인간의 욕망이 지배하는 현실적 논리와 상극하는 것이며, 그러기에 역설적 표현 속에 참된 하늘의 진리가 있음을 깨닫게 한다. 이러한 역설적 표현에 의한 오묘한 진리를 조 시인은 다음의 작품에서와 같이 새롭게 발견하여 찬탄해 마지않는다.

예루살렘 여행길
구원받기 원하는 자에게

예수께서 말씀하시네
좁은 문으로 들어가기 힘쓰라
험하고 좁은 문은
생명의 문이니
들어가기 구하여도
못 들어가는 자 많다네.

어려워라 좁은 문
내 앞에 있는 문은
광대무변 넓은 문
좁은 문 지나면
구원의 문, 하늘의 문
만나야 되리니.

      (누가13:22~24)

                            - 시 「좁은 문으로 들어가기 힘쓰라」

   나약한 인간은 현실을 살아가면서 살기 편하고 손쉽게 얻을 수 있는 것만 찾아 분주하게 활동하는데, 이러한 인간의 약점을 역설적 표현으로 지적함으로써, 하늘의 진리를 깨우쳐 주는 부분이다. 예수는 인간들이 추구하는 바와는 정반대로 좁고 험한 길을 택하라고 가르친다. 조 시인은 이를 받아들여, 쉽게 넓은 문으로 들어가기를 힘쓰는 스스로의 모습을 뒤돌아보면서, 다음과 같이 참회하는 심정을 고백한다. "험하고 좁은 문은/ 생명의 문이니/ 들어가기 구하여도/ 못 들어가는 자 많다네. // 어려워라 좁은 문 / 내 앞에 있는 문은 / 광대무변 넓은 문 / 좁은 문 지나면 / 구원의 문, 하늘의 문 / 만나야 되리니." 이 가르침에 의해서 조 시인은 지난날 자신의 삶이 안이하고 편안한 길만을 골라 살아가려 한 사실을 솔직하게 인정하면서 '구원의 문, 하늘의 문'인 '좁은 문'으로 들어가기를 힘써야 함을 절실하게 깨닫고 있음이다.

이와 유사하게 역설적 표현에 담아 하늘의 진리를 노래한 작품들을 더 골라 보면, (1)「보물은 하늘에」, (2)「천국에서 큰 사람」, (3)「나의 눈 속 들보」, (4)「땅에 떨어진 네 가지 씨」, (5)「끝자리에 앉으라」 등, 그 외에도 성구와 관련된 많은 부분에서 역설적 표현들을 발견할 수 있다. (1)에서 조 시인은 해당 성구에 의해 느낀 바를 "우리는 땅에 보물을 쌓네 / 도둑이 구멍을 뚫어도 / 거친 땅이 범람 되어도 / 사라질 보물 알면서 / 오늘의 우리는 / 땅에 보물을 쌓네."라 자탄하고 있으며, (2)에서는 "지금 우리는 / 때묻은 어른이어라 / 자신을 낮추는 어린아이 / 욕심을 버리는 어린아이 되어 / 천국에 들어가는 마음 / 언제에 이룰까.", 아울러 (3)의 성구인 "어찌하여 / 형제의 눈 속에 있는 티는 보고 / 네 눈 속에 있는 / 들보는 깨닫지 못하느냐. // 네 눈 속 들보는 깨닫지 못하면서 / 어찌하여 / 형제에게 네 눈 속 티를 / 빼라 하느냐."에 관하여 "사람이여 / 오늘의 우리 / 눈 속의 들보를 어찌할까 / 못된 나무여."라 한탄하고 있으며, (4)의 성구인 "예수께서 비유로 말

122

씀하시되 / 씨를 뿌리는 자가 씨를 뿌릴새 / 더러는 길가에 떨어져 / 밟히어 공중의 새들이 먹어 버렸고 / 더러는 바위에 떨어져 / 싹이 났다가 습기가 없어 말라 버렸고 / 더러는 좋은 땅에 떨어져 / 백배의 결실을 하느니라."와 관련하여 "우리는 세상에 떨어진 씨 / 오호라! / 지금 어느 곳의 씨인가 / 어제는 길가에 떨어져 있었고 / 내일은 바위에 떨어져 있으려나 / 아니면 가시나무 떨기 속에 / 떨어져 있으려나 / 주 예수 그리스도여 / 지금 좋은 땅에 떨어져 / 만 배의 결실을 맺고 있는 우리를 / 주여 / 우리가 모르고 있나이다." 하고 자탄한다. 마지막으로 (5)의 성구 "혼인 잔치에 청함을 받았을 때 / 높은 자리에 앉지 말라 / 너보다 높은 사람이 / 청함을 받았을 경우에 / 너더러 / 이 사람에게 자리를 내주라 하리니 / 그때에 부끄러워 끝자리로 가게 되리라."와 관련하여 "오늘의 우리는 한 자리 뿐이네 / 앞자리의 쟁탈 / 앞자리의 전쟁 / 앞자리로 하루를 보낼 뿐이네 / 하늘나라 앞자리 / 보이지 않네."라 자탄한다. 역시 성서의 역설적 표현을 직접 소화하여 운율로 재현하는 수법과 함께, 시인 자신이 그 가운데서 깨달은 바를 시로 창작하여 첨부하고 있는 형식임을 알 수 있다.

마지막으로, 성서의 구절과 직접적으로 관련짓지 않고, 온전히 조 시인 자신이 창작한 두 편의 신앙시에 관하여 살펴봄으로써, 인간 예수의 가르침을 흠모하는 시인의 뜨거운 신앙심을 감상해 보고자 한다.

바람에 나는/ 겨와 같은 한세상/ 주여/ 당신을 소망합
니다/ 당신이 계시는 천국을 소망합니다. // 세상은/ 붉
은 빛 찬연한 저녁하늘 보이며/ 하루를 끝마칩니다/
또/ 떨어진 낙엽들을 날리며/ 계절을 알리어 줍니다. //
하늘에는/ 새들이 높이 날아오르고/ 멀리 사라집니다.
// 주여/ 세상의 들판에서/ 고난 당하시던/ 당신을 소망
합니다. // 기쁨도, 슬픔도, 환난도,/ 모두가 빛으로 찬란
해 있는/ 당신의 나라/ 간곡하게 소망합니다.

- 시「소망 (1)」

봄 푸른 동산에/ 주의 말씀 있어/ 깨어나는 어린 풀
하나에도/ 넘치는 약속과 은혜로움이여. // 여름날 무성
한 생명 속에서도/ 주의 사랑 하나하나가/ 열매 맺고
빛나는 장쾌스러움이여/ 생명은 넘치고/ 사람의 일들이
풍성스럽게 이루어지네. // 오호라 ! / 가을날에는 사람의
종말을 알리는/ 하늘의 가르침 있네/ 그 붉고 빛나는
황금의 소식들이여/ 주의 은혜가/ 이토록 찬란하게/ 사
람을 깨우치는도다 // 겨울날 죽음의 빛들이여/ 잿빛의
모든 일들이/ 헛되고 헛되다지만/ 이제는 알아야겠네/
주께서 행하시던/ 사람 세상의 일들이/ 소망의 보석임
을.

- 시「소망 (2)」

신약성서 가운데 네 복음서의 내용에 의거한 조 시
인의 찬양과 기도의 시적 표현은, 성서의 산문 형식을

그만의 시적 방법에 의해 처음으로 66편의 시편에 담아 표현함으로써, 공생애 중 '인간 예수'의 위대한 가르침과 십자가상의 구원의 은혜를 운율적으로 리드미컬하게 증언하며 찬양하는 독창적 작품을 완성하였다는 사실을 살펴보았다. 거기에 더하여, 시집 말미에 덧붙인 마지막 두 편의 작품은 조 시인 자신의 신앙심을 노래한 순수 신앙시로 보여 주목해 볼 필요가 있다. 이 두 작품은 앞에서와 같은 성구의 시적 재편에 창작시를 덧붙이는 형식을 떠나, 조 시인의 순수한 개인적 신앙심을 전반적 입장에서 표현한 것이며, 따라서 이를 해명하는 일이야말로 조 시인이 이제까지와 달리, 직접적으로 네 복음서에 의해 감흥된 바를 총체적으로 소화해서 스스로 창작한 작품이라고 보아, 조 시인의 신앙적 좌표가 된다고 판단한다. 다음에 그 내용을 요약해 본다.

위에 인용한 작품 (1)의 첫머리에서 조 시인은, 인간의 삶 자체를 '겨와 같은 한 생애'라 단정하면서, 그 대척점에 '당신이 계시는 천국'이 있음을 증언하고 있다. 그 뒤를 잇는 구절들은 모두 이와 관련된 것으로 '황혼'과 '낙엽'으로 상징되는 세속적 허무와 함께 주님이 '세상의 들판에서 고난당하시던' 역사적 사실을 아파하지만, '하늘에 높이 나는 새들'이 상징하는 바, 천국을 향해 비상하는 소망을 꿈꾸게 되고, 마침내 "기쁨도 슬픔도 환난도 / 모두가 빛으로 찬란"하게 변환되는, 주님의 나라인 천국을 지향한다고 고백한다.

작품 (2)에서 조 시인은 봄철에 깨어나는 지상의 풀과, 여름날 무성한 생명들 모두가 주의 사랑의 결실이며, 가을날에 빛나는 황금의 소식(열매)과 함께 종말이 다가옴을 알리는 하늘의 가르침, 그리고 겨울날 온 세상을 뒤덮는 '죽음의 빛'인 잿빛이 세상일이 헛되고 헛되다는 주님의 가르침을 깨우쳐 주지만, 이 모든 일이 "주께서 행하시던 사람 세상의 일들"로, 그 가운데에서 주님이 소망의 보석을 찾아 가르쳐 주신 은혜임을 이제 깨닫게 되었다고 스스로의 믿음을 고백한다. 봄, 여름, 가을, 겨울, 네 계절에 따른 자연의 변화도 모두 주님의 가르침을 증언해 준다고 믿는 조 시인의 신앙심과 천국의 소망을 노래한 작품이다.

3.

조의홍 시인의 시집 『인간 예수 그리스도』의 해설을 의뢰받고 원고를 받아든 순간, 과연 이 막중한 일을 내가 감당할 수 있을 것인가, 하고 먼저 회의가 앞섰지만, 조 시인이 창작 활동 중에서도 건강상의 어려움을 뜨거운 기도로 극복하였으며, 신앙생활 가운데 남다른 주님의 은혜를 받은 사실을 알게 되어, 이에 감명을 받아 부족하지만 책임을 맡기로 하였다. 부산에 사는 조 시인과 자주 만나지는 못 하였지만, 각종 시 잡지를 통하여 그의 글을 자주 대하여 왔던 터여서, 같은 신앙인으로서 이 시집 발간의 뜻이 깊다는 사실도 깨닫게 되었다.

위에서도 언급하였지만, 시집 『인간 예수 그리스도』 는 몇 가지 점에서 매우 독창적이고 개성적 특징을 지니고 있다고 본다. 첫째로, 이 시집은 예수 그리스도의 공생애가 담긴 신약성서 가운데 네 복음서의 내용만을 대상으로 삼아서, 산문인 성경구절을 시적 리듬을 살려 표현함으로써, 남다른 독창성을 지니고 있다는 점, 둘째로, 성서의 내용과 별개로 매 편마다에 해당되는 시인 자신의 신실한 신앙심을 덧붙여서 신앙시의 면모를 갖추었다는 점, 그리고 셋째로, 무엇보다도 강조해야 할 점은 신학자가 아닌 시인으로서, '인간 예수'의 공생애를 중심으로 하여 인간의 면모를 한 예수를 찬양하고 기리는 마음을 담아 문학 작품으로 창작하였다는 점을 지적할 수 있다.

박목월 시인이 말년에 교회의 장로가 되었고, 사후에 유고 신앙시집인 『크고 부드러운 손』을 남겼듯이, 앞으로 조의홍 시인도 한국 기독교 시단에 불후의 신앙시집을 남길 수 있으리라 믿어 의심치 않으며, 끝으로 조 시인의 앞날에 문운이 왕성하기를 기대한다.

조의홍 엮음

인간 예수 그리스도

1판 1쇄 인쇄 / 2017년 8월 23일
1판 1쇄 발행 / 2017년 8월 30일

지은이 / 조의홍
펴낸이 / 김송배
펴낸곳 / 도서출판 시원
등 록 / 2000.10.20. 제312-2000-000047호
03701. 서울시 서대문구 연희로 11사길 16-4
전 화 : 010-3797-8188
E-mail : siwonbook@hanmail.net
Printed in Korea ⓒ 2006. 시원
찍은곳 / 신광종합출판인쇄
배부처 / 책만드는집 (Tel 02-3142-1585)
04022. 서울시 마포구 양화로3길 99. (지하)

ISBN 978-89-93830-26-2 03230

값 / 10,000원